Belicie Beby Eston
en N.y

D1569209

Piopio
42 St/10 th Ave
1212 w 2531011

Hotel San View. 631-4771910

LAS LEYES DE
LA BUENA SUERTE

Jack Lawson

Las leyes de
la buena suerte

EDICIONES OBELISCO

Si este libro le ha interesado y desea que lo mantengamos informado de
nuestras publicaciones, escríbanos indicándonos qué temas son de su interés
(Astrología, Autoayuda, Ciencias Ocultas, Artes Marciales, Naturismo,
Espiritualidad, Tradición...) y gustosamente lo complaceremos.

Puede consultar nuestro catálogo en www.edicionesobelisco.com

Colección Éxito - Biblioteca del Secreto
LAS LEYES DE LA BUENA SUERTE
Jack Lawson

1.ª edición: octubre de 2008

Maquetación: *Mariana Muñoz*
Corrección: *M.ª Ángeles Olivera*
Diseño de cubierta: *Mònica Gil*

© 2008, Ediciones Obelisco, S. L.
(Reservados los derechos para la presente edición)

Edita: Ediciones Obelisco S. L.
Pere IV, 78 (Edif. Pedro IV) 3.ª planta 5.ª puerta.
08005 Barcelona - España
Tel. 93 309 85 25 - Fax 93 309 85 23
Paracas, 59 C1275AFA Buenos Aires - Argentina
Tel. (541-14) 305 06 33 - Fax: (541-14) 304 78 20
E-mail: info@edicionesobelisco.com

ISBN: 978-84-9777-491-8
Depósito Legal: B-34.887-2008

Printed in Spain

Impreso en España en los talleres gráficos de Romanyà/Valls S.A.
Verdaguer, 1 - 08786 Capellades (Barcelona)

No sea tonto y tenga suerte

Woody Allen

EL desempleo crónico provoca
malestar social, y eso puede
conducir a una revolución

(¡y que tienen!) falta de madurez Emocional y fuerza de carácter

Albert Einstein dijo:
Solo hay dos cosas infinitas
el universo y la estupidez humana.

La plegaria es un banquete de amor

Introducción

Una vieja historia explica que un pobre hombre que estaba en apuros económicos rezaba cada día a Dios para que le tocara la lotería. Era un hombre de fe y su oración tenía que ser escuchada, pero los días pasaban y la lotería no le tocaba. En vez de rendirse, como hubiera hecho alguien con menos fe, cada día retomaba sus oraciones con más fuerza, hasta que un día su plegaria fue tan fuerte que en un arrebato extático escuchó la voz del mismísimo Creador. El lector se preguntará qué le dijo el divino Hacedor. No hace falta ser muy inteligente para adivinarlo: «¡Haz el favor de comprar lotería!».

Todo el mundo quiere que le toque la lotería, quizá porque piensa que le solucionará una serie de problemas que él mismo, por pereza o impotencia, no se siente capaz de solucionar. Sin embargo, casi nadie piensa que a lo mejor si intenta solucionar estos problemas por sí mismo, quizás sí que le toque la lotería sin tener que comprarla, aunque se trate de otro tipo de lotería. La suerte, buena o mala, depende más de nosotros mismos de lo que solemos creer. Este libro le enseñará las leyes que la rigen.

Quizá no seas totalmente consciente de ello, pero acabas de realizar un acto decisivo en tu vida: en cierto modo acabas de comprar lotería y no una lotería cualquiera. Este pequeño libro puede ser como un billete de lotería ganador si cumples una única condición: poner en práctica sus enseñanzas. Si simplemente lo lees como quizá habrás hecho con tantos libros, puede que te ayude a clarificar algunas ideas, puede incluso que te haga disfrutar en algún momento, pero difícilmente tu suerte cambiará.

Y de lo que se trata… es de tener suerte. ¡Cuanta más, mejor!

Capítulo 1

Aprender a tener suerte

Si tuvieras la ocasión de hablar con cien personas y les dijeras que se puede aprender a tener suerte, difícilmente más de una o dos estarían de acuerdo contigo. Sin embargo, por extraño que parezca, la suerte (buena o mala) es algo que puede aprenderse, que puede programarse, que se atrae o se repele. De hecho, es algo que estamos haciendo sin saberlo, de un modo inconsciente e involuntario, todo el tiempo, durante toda nuestra vida.

El famoso ensayista francés Roger de Lafforest, especialista en estudios sobre el azar y la suerte, sostiene que existen «surtidores de suerte» en los que uno puede llenar su depósito. No es una idea nueva, pero está muy bien expresada, sobre todo en estos tiempos en los que escasea el crudo. Cuando nuestro caudal de suerte se agota, podemos recurrir a estos surtidores para repostar. Son muchos y diversos, pero, como veremos en este libro, el verdadero «surtidor», la «fuente primordial» de la buena suerte no es algo misterioso y lejano. Es algo que está muy cerca de nosotros mismos, es nuestra propia alma.

La suerte debe preocuparnos, pues es uno de los elementos principales de nuestro destino.

Como escribe Genevieve Behrend en su extraordinario libro *Tu poder invisible*, «todos visualizamos tanto si somos conscientes de ello como si no». Todos atraemos las cosas que deseamos, pero, desgraciadamente, también las que no deseamos. Nuestras imágenes mentales forman una especie de molde en la que nuestro destino tomará forma. Lo que pensamos, sentimos, soñamos o decimos se comporta como las escenas de una película que el proyector de la vida acabará mostrando en nuestra existencia. Nuestro destino es la proyección de nuestra alma en la pantalla de la vida. Por otra parte, *Un Curso de Milagros*, nos enseña que «tú eres el único que puede determinar tu destino en el tiempo».

La buena suerte se aprende, como se aprende un idioma o se aprende a bailar, pero sólo si uno se lo propone.

A la suerte, como a la oportunidad o la ocasión, hay que cazarla al vuelo: hay que estar con los ojos bien abiertos. Un buen ejemplo nos lo proporcionan los cazadores. Podemos aprender mucho de ellos. Como cualquier pieza de caza, la suerte deja pistas que podemos conocer cómo rastrear. Aprender a tener suerte tiene que ver con aprender a rastrear estas pistas, con prepararse para el momento propicio y con apretar el gatillo cuando nuestra voz interior nos dice que es el momento. Muchas veces aquellas personas que consideramos afortunadas son sencillamente gente que sabe tener los ojos bien abiertos y aprovechar las oportunidades. Como también nos enseña *Un Curso de Milagros*, «todos tenemos la capacidad de obrar milagros», pero «debemos estar listos y dispuestos».

No sea tonto

Decidí comenzar este libro con una famosa cita de Woody Allen en la que, de un modo u otro, está sintetizado todo lo que quería decir: *no sea tonto, y tenga suerte*. Esta cita se compone de dos partes que conviene distinguir. No voy a detenerme a comentar la segunda, pues constituye el objetivo que persigues dado que has comprado este libro. La primera se refiere a algo necesario para que se cumpla la segunda: no sea tonto. Dicho de otro modo, *no se comporte como un tonto*. Seguramente recordará al protagonista de la famosa película *Forrest Gump*, cuando le llaman tonto. El muchacho responde que él no es tonto, que «tonto

Una de las mayores tonterías que podemos hacer en esta vida es desaprovechar la buena fortuna cuando nos sonríe.

La sabiduría ancestral de la cábala nos enseña que «tonto es aquel que pierde lo que le han dado». Si reflexionamos en esta aseveración, entenderemos que los humanos somos bastante tontos. En primer lugar se nos ha dado la vida, y la perdemos. En segundo lugar, vivimos en un paraíso, pero prácticamente lo hemos destrozado. Podríamos seguir con los ejemplos, pues todos perdemos a diario un montón de cosas no siempre materiales que la vida o el destino nos regala. ¿Es mala suerte o es que somos tontos?

La inteligencia es algo muy complejo y, de alguna manera, hay varias inteligencias: intelectual, emocional, corporal, etc. Pero si nos referimos al sentido original de esta palabra, *inteligencia* quiere decir «leer dentro». Se trata no sólo de una lectura interior, desde el interior, sino también de una lectura del interior de las cosas, de los acontecimientos, de las situaciones. Esta lectura proporciona al que es capaz de hacerla una ventaja que muchas veces se suele confundir con la buena suerte.

Leer dentro es evaluar las pistas como haría un hábil cazador. *Leer dentro* significa trascender las apariencias, fijarse en lo que nadie se fija, analizar lo que resulta obvio. Significa tener todo en cuenta, interesarse por todo, reparar en los pequeños detalles y no despreciarlos, pues a veces en un pequeño detalle se halla la clave para sacar provecho de una situación. *Leer dentro* significa ser lo suficientemente sabio como para aprender de cualquiera y lo suficientemente humilde como para recibir de cualquiera, sin recelos, sin prejuicios, con total confianza en uno mismo y en el universo.

> *No te conformes con vivir una vida*
> *de víctima o de marioneta del destino:*
> *aprende a «leer dentro».*

Leer dentro nos ayudará a adherirnos a la buena suerte, a subirnos a la ola cuando ésta está creciendo y a apearnos cuando esté bajando. Todos podemos conectar con la buena suerte y atraerla a nuestras vidas si nos lo proponemos, y la manera de hacerlo no tiene nada que ver con los amuletos, los talismanes o las prácticas supersticiosas, que muchas veces rozan el absurdo, aunque en ocasiones conservan algo de una sabiduría ancestral. La legendaria ciencia china del feng shui compara la fortuna con el agua. Esta idea es mucho más profunda de lo que parece a primera vista, porque si lo pensamos bien, la suerte es como el agua: si está estancada, se pudre. Lo que llamamos mala suerte muchas veces no es más que estancamiento.

¿Qué es la suerte?

Si acudimos al diccionario nos encontraremos con una definición que no acaba de convencer: «encadenamiento de sucesos considerado como fortuito o casual». Es como confundir la suerte con la casualidad, algo que la física moderna cada vez considera menos probable. Un *Curso de Milagros* considera que «ni las coincidencias ni las casualidades son posibles en el universo tal como Dios lo creó, fuera del cual no existe nada». Desde aquella época remota en la que nuestros antepasados vivían en cavernas, el tema de la suerte, buena o mala, no ha dejado de obsesionar al hombre. Todo el mundo teme a la mala suerte, y mucha gente desearía conocer un método eficaz e infalible para atraer la buena suerte. Pero este método, aclarémoslo de entrada, no existe.

Con todo, lo que sí existe es una comprensión de qué es la suerte y de cómo desarrollarla como se haría con, por ejemplo, la capacidad para aprender un idioma o la habilidad para memorizar.

Muchos lectores se sorprenderán si afirmo que, sencillamente, «suerte» es sinónimo de «felicidad». Esto no lo decía el diccionario. La gente relaciona la suerte con «nacer con estrella», y es que en hebreo (y en otros idiomas antiguos) la palabra que quiere decir «suerte» también quiere decir «estrella». Hay aquí una enseñanza en la que nos extenderemos más adelante. Por otra parte, en los sistemas adivinatorios, como, por ejemplo, el tarot de Marsella, la estrella no sólo es símbolo de suerte, sino que también lo es de felicidad.

La auténtica suerte, como la verdadera felicidad, es algo sumamente misterioso porque trasciende los límites de lo lógico y lo racional. Parece más un regalo de los dioses o de las hadas que un logro humano. Y es que, como veremos, la misma palabra «suerte» tiene su misterio.

El término latino *sors* quiere decir «suerte», pero se refería específicamente a un objeto que se sacaba de una urna y que podía o no estar premiado. De ahí la palabra *sorteo* que se emplea en las loterías. Pero si profundizamos un poco más, descubrimos que *sors* procede del verbo *sortior* que, además de significar «sacar a suerte» quiere decir «escoger, elegir». ¿Significa esto que escogemos nuestra suerte? Por extraño que parezca, la respuesta es que la mayoría de veces *sí*.

> *Escogemos nuestra suerte como escogemos*
> *una pareja de baile.*

Dice un proverbio japonés que existe una puerta por la que entra la suerte, pero que la llave está en nuestras manos; también hay una puerta por la que la felicidad puede entrar en nuestras vidas, pero abrirla depende exclusivamente de nosotros mismos.

Abrirnos a la suerte o a la felicidad es lo mismo.

Hemos visto que la suerte pertenece a un ámbito distinto del racional. En realidad, lo que llamamos suerte es algo que tiene que ver con nuestras elecciones en la vida, y que pertenece en gran medida al terreno de lo inconsciente. Aunque no nos demos cuenta, escogemos nuestra suerte como elegimos una pareja de baile.

> *Abrirse a la suerte es lo mismo que abrirse*
> *a la felicidad.*

Luck («suerte» en inglés), el término más usual para denominar a la suerte, procede de una raíz céltica, lukka, que significa «felicidad». Esta palabra aún se utiliza en Islandia para denominar tanto a la buena suerte como a la felicidad. Los que han estudiado el origen de los idiomas sostienen que esta raíz también debe relacionarse con la luz, lo cual es perfectamente comprensible si pensamos en la importancia de la luz solar en un país como Islandia. La luz solar incide en ciertas actividades del cerebro que están relacionadas con el humor y la felicidad. El psiquiatra alemán Emil Kraepelin describió un buen número de síntomas de la depresión (decaimiento, tristeza, somnolencia, mal humor, etc.) que empiezan a aparecer en otoño y se disipan con la primavera. Mucha gente, sobre todo en vacaciones, asocia la buena suerte con el sol y la mala suerte con un cielo nublado o lluvioso. Es algo natural, pues a menudo un cielo nublado o tapado produce tristeza y mal humor. A veces, en el momento de despertarnos tenemos la sensación de «soleado» o «nublado» y en ocasiones no corresponde con la realidad. Sin embargo, deberíamos tener en cuenta este mensaje que nos manda nuestra alma y los días en que sentimos que nos levantamos «nublados» no confiar demasiado en la buena suerte.

Los mimados de la suerte

Algunas personas parecen tocadas por la varita de un hada y gozar durante toda su vida de una envidiable buena suerte: todo parece salirles bien, disfrutan de una buena salud, tienen muchos amigos, un trabajo estupendo, una vida familiar agradable y una situación económica desahogada. Pero eso es sólo la mitad de la realidad; detrás de esa fachada se esconde algo más: una actitud positiva y un entrenamiento que los predispone a vislumbrar las oportunidades en cuanto aparecen y a cazarlas al vuelo. La capacidad de distinguir las ocasiones incluso antes de que se materialicen pertenece al dominio de la intuición, una capacidad innata que todos podemos desarrollar a base de autoobservación. La vida está llena de casualidades, lo que C. G. Jung denominaba «sincronicidades», y el mero hecho de constatarlas sin intentar analizarlas o comprenderlas sirve para desarrollar la intuición. Según los científicos, ésta estaría localizada en el hemisferio derecho del cerebro. La intuición está íntimamente desarrollada con lo que llamamos la voz interior, de la que hablaremos más adelante. Podemos conectar con ella escuchándola de una manera cariñosa y amorosa, como quien escucha el consejo de un venerable abuelo o las palabras de un niño pequeño. Para estimularla, podemos preguntarle «qué hago» y quedarnos en silencio. Con la práctica, las respuestas fluirán y serán cada vez más acertadas. Otro sistema para tomar decisiones correctas consiste sencillamente en hacer caso de nuestro cuerpo. El estómago, la garganta o un dolor de cabeza son indicadores de que algo no va bien y de que no hemos de seguir por ese camino. También podemos hacer lo que nuestros abuelos llamaban «consultar con la almohada». Antes de irnos a dormir podemos escribir la pregunta que tengamos o el problema que nos agobia en una hoja de papel y colocarla debajo de la almohada. Antes de dormirnos le hemos de mandar a nuestros subconsciente un mensaje diciéndole que trabaje en el tema durante la noche y nos dé la solución al despertarnos. Es increíble lo bien que funciona este método.

Todo esto que podemos hacer, los afortunados, los llamados «mimados de la suerte», lo hacen espontáneamente.

El poder de la empatía

¡Cuántas veces nos ha ocurrido congeniar con alguien a primera vista! Tenemos lo que se llama «empatía» con esa persona. La empatía es en el fondo aquello que predicaba Jesús en el Evangelio diciéndonos que hemos de amar a los demás como a nosotros mismos o lo que afirma la cultura popular cuando dice que antes de juzgar a alguien hemos de meternos en sus zapatos.

La empatía consiste en saber ponerse en el lugar de los demás. Es un camino de crecimiento extraordinario, pues nos permite aprender no sólo de nuestras propias experiencias, sino también de las ajenas. La empatía, algo que se desarrolla de un modo natural con la práctica, no nos permite únicamente comprender a los demás o conectar con sus emociones, algo muy importante en la vida, también nos ayuda a conectar con ellos y con las oportunidades que nos puedan ofrecer. Prima hermana de la empatía es la telepatía, es decir, la capacidad de saber qué está pensando otra persona en un momento dado. No se trata de algo mágico o paranormal, sino de una capacidad que normalmente se encuentra aletargada. Los animales la tienen y numerosos experimentos científicos han demostrado que es posible. La empatía es una forma de comunicación no verbal, que no se desarrolla en el hemisferio izquierdo del cerebro, el de las capacidades de análisis y cálculo, sino en el izquierdo, el de la intuición.

Los niños pequeños son extraordinariamente empáticos. Todos habremos presenciado el concierto de llantos que se forma cuando se pone a llorar un niño en la cuna en una guardería. A los pocos minutos prácticamente todos los demás niños se han despertado y también comienzan a llorar. El niño también siente una especie de unión mística y empática con la madre. Esta capacidad va esfumándose poco a poco con el tiempo, y entre los dos y los siete años normalmente ya ha desaparecido.

❖ *Capítulo 2* ❖

Atraer la suerte

Como ya vimos, un conocido proverbio japonés afirma que hay una puerta por la que la suerte, buena o mala, puede entrar en nuestras vidas, pero que la llave de dicha puerta está en nuestras manos. Lo mismo podemos decir de la dicha o de la felicidad: *para ser felices hay que estar abiertos a la felicidad*, y muchas veces somos nosotros mismos los que por temor, por comodidad o por mil otras razones tenemos cerrada la puerta de nuestro corazón a la felicidad o a la buena suerte.

Decir que algo está en nuestras manos, incluso en japonés, no debe interpretarse como que sostenemos en nuestras manos algo físico como un amuleto o un talismán que nos arreglarán la vida. Algo que está en nuestras manos es *algo que podemos hacer con nuestras manos*. Las manos son un símbolo de poder, como podemos apreciar tanto en las pinturas rupestres como en amuletos como la famosa «mano de Fátima». Si algo «está en nuestras manos» es que podemos hacerlo.

Tener suerte no es cuestión de suerte, ni siquiera de proponérselo, aunque mi consejo es que te lo propongas y luches por conseguirlo; se trata de *atraer* la suerte como, por ejemplo, se atrae a una persona del sexo opuesto.

> *A la suerte hay que cortejarla, hay que agasajarla, tratarla con cariño. Si no lo hacemos así, se irá con otro.*

Atraer es algo que podemos aprender, pero si realmente queremos atraer algo o a alguien, lo más importante de entrada es averiguar qué está impidiendo que ocurra. En lo que se refiere a la buena suerte, muchas veces más que desear algo (de hecho, nuestro subconsciente está siempre deseando) lo que hemos de indagar es qué está impidiendo que llegue a nuestras vidas. Si tomamos un imán y un pequeño objeto de hierro, veremos cómo el imán lo atrae. Pero si entre el imán y el objeto colocamos otros objetos, el imán ya no tendrá fuerza para atraer al objeto en cuestión. En nuestra mente ocurre algo parecido: los miedos, los temores, las contradicciones, nuestros principios, a menudo demasiado rígidos, nos impiden atraer aquello que realmente anhelamos. Y aquello que con más fuerza hace que no nos llegue la buena suerte a la que aspiramos es la contradicción a la que hacíamos referencia. Cuando deseamos varias cosas o varias situaciones al mismo tiempo y éstas se contradicen, nuestra fuerza de atracción se ve disminuida, cuando no anulada. Muchas veces lo contrario de la atracción no es la repulsión, sino la contradicción.

Si nuestros principios son demasiado rígidos, nos impiden atraer aquello que realmente anhelamos.

Con todo, vivimos ocultándonos lo que realmente nos ocurre a nosotros mismos y a los demás, y relegamos esta vergonzosa contradicción al dominio de lo inconsciente. Los humanos tenemos una manera de funcionar muy peculiar: nos da la impresión de que si no nos enteramos de algo, no existe; que si no somos conscientes de algo, eso no tiene ningún tipo de influencia sobre nosotros, y este error de bulto en nuestra manera de juzgar las cosas es el responsable de que difícilmente logremos atraer la buena suerte. Como escribió Epícteto, «No pretendas que las cosas ocurran como tu quieres. Desea, más bien, que se produzcan tal como se producen, y serás feliz».

Trabajar la suerte

Se ha dicho que la suerte no existe, y que únicamente el esfuerzo, el trabajo y la constancia dan como fruto el éxito, aunque esta afirmación no es del todo cierta. Para darnos cuenta de ello sólo hemos de fijarnos a nuestro alrededor para ver a gente que se mata trabajando y cuyas existencias no son ningún ejemplo de buena suerte, ni de felicidad, ni de éxito. Incluso muchas veces ni siquiera llegan a final de mes.

Con la suerte sucede algo parecido a lo que ocurre con la inspiración: para dar frutos ha de encontrarnos trabajando. Pues para «tener buena» suerte hemos de estar en un estado especial de conexión, de armonía.

Muchas veces no sucede lo que deseamos, tal como lo deseamos, simplemente porque no hemos sido capaces de crear dentro de nosotros mismos un espacio para que esto sucediera. Estamos demasiado llenos para dejar entrar al ángel de la buena suerte.

> *Para atraer la buena suerte hemos de aprender a abrirnos a ella: en eso consiste trabajar la buena suerte.*

La suerte tiene su otra cara, la mala suerte. Del mismo modo en que algunas personas parecen gozar durante toda su vida de una envidiable buena suerte, también los hay que parecen condenados a sufrir la eterna mala suerte. Incluso en una misma vida hay lo que se llama «rachas», o sea, épocas o períodos de mala suerte en los que la fortuna no se digna a sonreírnos. Si hay algo que caracteriza a esas épocas o a esas personas es que *no se trabajan su buena suerte*. Ocurre algo parecido con las amistades: para tenerlas y para conservarlas hay que cultivarlas.

> *Para tener suerte, hay que trabajarla: la suerte es de aquellos que se la trabajan.*

Mucho mejor que quejarnos de nuestra mala suerte es abrirnos a la buena suerte. Quejarse de la mala suerte, pero seguir haciendo todo aquello que impide que la buena suerte se manifieste es como si intentáramos escuchar nuestra emisora de radio favorita, pero no conectáramos la antena. Si ésta llama a nuestra puerta y estamos distraídos por el ruido o estamos dormidos, no la oiremos.

Pon entusiasmo en tu vida

Orison Marden decía que la juventud se acaba cuando se acaba el entusiasmo; podemos decir lo mismo de la buena suerte. El entusiasmo es una fuerza magnética que atrae la buena suerte. Y no sólo la suerte; también atrae amigos, inspiración, etc. La palabra *entusiasmo* procede del griego y significa inspirado por los dioses. Una persona es entusiasta o está entusiasmada cuando recibe esta inspiración divina que le permite luchar contra las apariencias o vencer los desafíos de lo cotidiano. El caso más famoso de entusiasta es un personaje de la literatura universal, don Quijote de la Mancha, que llegó incluso a enfrentarse con molinos que confundió con gigantes. Se trata, sin duda, de un ejemplo extremo, pero nos enseña que cuando creemos en algo hemos de luchar en contra de las apariencias, incluso en contra de la misma evidencia. Así se producen los milagros.

> *No son «las cosas que van bien»*
> *las que producen entusiasmo,*
> *es el entusiasmo que hace*
> *que las cosas vayan bien.*

Si tuviera que dar un consejo, un único consejo para tener buena suerte, el consejo en cuestión sería «pon entusiasmo en tu vida». El entusiasmo es el abono de la buena suerte, la llave de la puerta del éxito en cualquier empresa que hayas decidido emprender. Es terriblemente atractivo y hace que los vientos más rudos se pongan a nuestro favor.

En su clásico *Siempre adelante*, Marden escribió: «El carácter revela tu destino. Escoge en lo posible un trabajo en armonía con tu aficiones y te rendirá el doble. Si no sigues tu inclinación, difícilmente lograrás éxito. Los padres, los amigos o la mano hipócrita de la desgracia podrán sofocar los anhelos de tus ideales y llevarlos al desempeño de tareas que te repugnen, pero tarde o temprano vencerás los obstáculos y por fin tu entusiasmo se desbordará en lo que te guste. Millones de personas hacen trabajos o desempeñan cargos para cuyos oficios no nacieron».

Intenta averiguar para qué naciste, descubre tu vocación auténtica y la suerte te ayudará como un fiel servidor.

Ya vimos que Emerson opinaba que «nunca se ha logrado nada importante sin entusiasmo». Para atraer la buena suerte hemos de ser capaces de inyectar auténtico entusiasmo en todos nuestros actos. Hemos de hablar, caminar y trabajar con todo el entusiasmo que seamos capaces. Cuando digamos «buenos días» hemos de desear que así sea. Serán buenos para los demás, pero sobre todo para nosotros.

Para que la suerte nos sonría

Afirma A. H. C. Carr que «la suerte es una fuerza continua que modela el destino de todo ser humano. Es la expresión en la vida humana de la naturaleza casual o fortuita de cuanto nos rodea».

Muchos se preguntarán qué tipo de fuerza es la suerte. Creo que podemos compararla con una de las fuerzas más persuasivas y contagiosas que existen: la sonrisa. Se ha dicho que la suerte es «la sonrisa de lo desconocido»; es una bella expresión que expresa mucho más de lo que a primera vista podamos apreciar. De hecho, hay muchas expresiones que relacionan a la suerte o a la fortuna con la sonrisa: «me ha sonreído la fortuna», «fue un guiño de la suerte», y ciertamente hay una relación sutil entre la suerte y la sonrisa o el guiño: hemos de estar alerta y «pescarlos al vuelo».

> *La suerte nos sonríe cuando nosotros*
> *le sonreímos primero.*

Utilizando el símil de la sonrisa, expondremos uno de los secretos más importantes de la buena suerte: *la suerte nos sonríe cuando nosotros le sonreímos primero*. Como afirma un conocido proverbio presente en todas las culturas, «a mal tiempo, buena cara», y si «mal tiempo buena cara», ¿qué cara le pondremos al «buen tiempo»?

Un conocido proverbio de origen escocés sostiene que «una sonrisa cuesta menos que la electricidad y da más luz». Espejo del alma, la sonrisa permite que se reflejen en él lo mejor de aquellos que tenemos delante.

> *Para trabajar la buena suerte, el mejor*
> *camino es expandir la conciencia.*

La mayoría de las personas viven en una situación de esclavitud, en una extraña y paradójica situación de esclavitud: son esclavos de sí mismos, de su ignorancia, de su inconsciencia.

El propósito de la vida, nos enseñan los grandes maestros, es la expansión de la conciencia. De hecho, la vida es expansión de la conciencia. Podemos vivirla desde distintos niveles de conciencia, que actuarán como lentes o como filtros. Cuanto más profundo sea el nivel de conciencia en el cual vivamos, más profunda y gratificante será nuestra existencia.

Una manera de mejorar la suerte es trabajar sobre nuestra conciencia. Para hacerlo, nada mejor que la meditación, pero no basta con cerrar los ojos y entregarse al silencio interior. Hay que llevar a la vida cotidiana los estados que alcancemos durante nuestra meditación. La introspección sólo tiene sentido si la utilizamos como trampolín para zambullirnos en la acción.

> *Cuanto más profundo sea el nivel*
> *de conciencia en el cual vivamos,*
> *más profunda y gratificante será nuestra*
> *existencia.*

Hay muchas maneras de meditar y cada cual debe descubrir cuál se adapta mejor a su persona. La meditación zen es muy recomendable, pero a algunos la postura les resulta demasiado incómoda. Éstos pueden practicar, por ejemplo, la meditación trascendental. Esencialmente, la meditación es una técnica de relajación, que se ha tornado esencial en nuestro estilo de vida contemporáneo, una forma de medicina administrada para curar desórdenes psicológicos como estrés, angustia o tensión. No se trata, pues, de algo que implique afiliarse a un grupo, una secta o una religión. En prácticamente todas las ciudades hay centros de yoga donde se imparten cursos de meditación que no están vinculados a ninguna creencia u organización en particular. Si nuestra mente se puede comparar con unos lentes, meditar sería como limpiarlos. ¡Cuántos desastres, cuántos accidentes, cuánta «mala suerte» son culpa de la suciedad de nuestros lentes!

La ansiedad y el miedo

El miedo y la ansiedad son los dos grandes enemigos de la buena suerte. Cuando no los aceptamos, cuando los rechazamos o huimos de ellos, en realidad nos estamos encadenando a ellos. Para vencerlos deberíamos hacer exactamente lo contrario: vivirlos, llevarlos a la conciencia, experimentarlos y descubrir que no eran más que humo. Pero no se trata de experimentar imágenes o conceptos, se trata más bien de vivir con los cinco sentidos la percepción del miedo. Se ha dicho que «detrás de cada angustia hay una esperanza» y que «el combustible para la gente angustiada es la esperanza», pero posponer nuestra felicidad o nuestros deseos proyectándolos en un futuro ideal no es ninguna solución.

El miedo es como un nudo a nivel psíquico. Es una concentración de energía. Podemos comparar los miedos y los temores con aquellas personas a las que la vida ha golpeado con fuerza. Suelen ser inabordables y poco amistosas. Es muy difícil intimar con ellas, pero si conseguimos que nos expliquen su historia, que se abran a nosotros, se deshinchan como un globo que acaba de ser pinchado. Algo parecido ocurre con los miedos. Si no reciben el aire con los que fueron hinchados, acabarán deshinchándose. Tenemos que dejar que nuestros miedos nos hablen, que nos confiesen sus miserias, manteniéndonos en una actitud a la vez activa y pasiva. Activa porque hemos de estar receptivos a ellos y a sus mensajes. Pasiva porque hemos de tratar de no influir, de no intervenir.

El miedo y la ansiedad son los dos grandes enemigos de la buena suerte.

La buena suerte siempre tiene que ver con la libertad y con lo desconocido. Aquello que conocemos (o, más bien, que creemos conocer) siempre tiene más que ver con nuestra interpretación que con la realidad. Vemos, escuchamos, leemos, aprendemos, pero siempre en función de nuestros puntos de vista, de nuestro pasado, de nuestros prejuicios. Para contrarrestar esta manera de funcionar es necesaria la introspección. En una presencia lúcida, los viejos esquemas se debilitan, pierden energía y acaban desapareciendo.

Capítulo 3

La mística de la suerte

Existe una mística de la suerte como existe una mística del sexo, del poder o del dinero; sin embargo, muy poca gente es realmente consciente de ella y mucha menos aún conoce y utiliza sus leyes. Muy poca gente sabe que *la suerte es una forma de energía*, una importante forma de energía capaz de cambiar destinos. Cuando un ser humano descubre los secretos de esta energía, los secretos eternos de la buena suerte, y los pone en práctica, su vida da un giro hacia la felicidad y la prosperidad que nunca habría podido imaginar. Pero aprender los secretos de la buena suerte y aplicarlos es algo muy distinto.

Podemos haber estudiado todo lo que se refiere a la conducción teórica de un vehículo y haber leído todos los libros de mecánica del mundo, pero si no hemos realizado prácticas de conducción o no hemos abierto nunca un motor, no servirá de nada. Si intentamos realizar un viaje conduciendo nosotros disponemos de todas las cartas para tener un accidente y si tenemos una avería en el motor difícilmente sabremos repararlo. Algo parecido ocurre con los libros de autoayuda; mucha gente los compra, unos cuantos los leen, pero muy pocos los llevan a la práctica. Y si hemos de ser sinceros, los libros de autoayuda sólo les funcionan a ellos.

La suerte es una relación del alma

Existen relaciones del cuerpo y relaciones del alma. Entre ellas hay una relación misteriosa y sutil que nuestra alma establece con la suerte y que condicionará toda nuestra vida. Como en toda relación, son necesarios varios ingredientes. El primero de ellos es la *confianza*. Ninguna relación puede funcionar sin ella; con la suerte sucede lo mismo. Sin confianza una relación no puede fructificar ni hacerse más profunda. Sin confianza no puede existir inseguridad, y cuando hay inseguridad aparecen los temores y el miedo. La confianza nos libera de los miedos y, sobre todo, de tener que cuestionar y desconfiar de todo y de todos; esa liberación produce un espacio en nuestra alma en el que se instalará la buena suerte. Si queremos fortalecer nuestra relación con la vida y con la suerte, hemos de confiar en ellas.

> *Sin confianza, una relación no puede fructificar ni hacerse más profunda.*

Ya vimos que el famoso ensayista francés Roger de Lafforest sostenía que existen «surtidores de suerte» en los que uno puede llenar su depósito. Cuando nuestro caudal de suerte se agota, podemos recurrir a ellos para repostar. El sentido de los amuletos y los talismanes, *algo que objetivamente no funciona*, es precisamente éste, permitirnos conectar con la fuente de la buena suerte. Junto con ellos, los fetiches, las medallas u otros objetos que utilicemos creyendo que van a traer buena suerte, en el mejor de los casos no hacen más que ayudarnos a conectar con nuestro surtidor, algo que no está fuera, sino en nuestro interior. El verdadero «surtidor» de la buena suerte no es algo misterioso y lejano. Es nuestra propia alma. Sumergirnos en sus aguas a través de la relajación, la oración o la meditación son las mejores maneras de conectar con nuestro «surtidor». *Un Curso de Milagros* nos enseña que «el perfecto bienestar resulta de tener perfecta confianza». Lo que dice a propósito de la sanación es perfectamente extrapolable al tema de la buena suerte: «El sanador que confía en su propio estado de preparación pone en peligro su entendimiento. Estás perfectamente a salvo siempre que no te preocupes en absoluto por tu estado de preparación, pero mantengas firme confianza en el mío. Si tus inclinaciones a obrar milagros no funcionan debidamente, es siempre porque el miedo se ha infiltrado en tu mentalidad recta y la ha invertido».

Mucha gente cree que todo sucede por puro azar, por buena o mala suerte. Es una actitud que no está muy lejos de la de los animales, que no saben relacionar los efectos con las causas. La suerte, como el destino o el karma, no son distintos de nosotros mismos: están teñidos por nuestras almas. Tu suerte es una prolongación de ti mismo, de tus estados de ánimo, de tu propia alma. Del mismo modo en que tienes momentos de euforia, tendrás también momentos de buena suerte, y así como tienes momentos menos eufóricos también habrá en tu vida etapas en la que la suerte te parecerá adversa. Pero no debes desesperar, ya que el hecho de que haya nubes en el cielo no significa mala suerte. Las nubes pasarán y el sol brillará de nuevo en cuanto menos te lo esperes.

Conecta con el universo

En este pequeño libro se describen diversos métodos para atraer la buena suerte y para alejar la mala, y si bien la comprensión de cada uno de ellos es necesaria para prepararnos para tener más momentos de buena suerte, estos métodos requieren ser aplicados con perseverancia, con disciplina, y con imaginación.

Lo primero que hemos de comprender es que *suerte* es sinónimo de *conexión*. Tener suerte es estar en conexión con el universo, en armonía con el infinito. Y si esta conexión con el universo no podemos lograrla a través de los demás, éstos pueden ayudarnos mucho más de lo que creemos. Recibe más oportunidades aquel que está más y mejor conectado. También dispone de más información y, por tanto, de más poder.

> *Recibe más oportunidades aquel que está
> más y mejor conectado.*

La conexión con el universo comienza por la conexión con nosotros mismos y con los demás. De algún modo, desde un punto de vista metafísico, *todos somos uno*. La separación es una ilusión, pero mientras vivimos bajo los efectos de esa ilusión permanecemos angustiados. Cualquier influencia sutil poderosa que ejerzamos sobre quienes nos rodean actuará también sobre nosotros, porque *a nivel sutil no estamos separados*. Por otra parte, cualquier influencia que actúe sobre nosotros se reflejará obligatoriamente sobre los demás. Cuando hayamos logrado vencer la ilusión de la separación, nuestra manera de ver el mundo y vivir la vida también habrán cambiado, pero lo que es más sorprendente: también nuestra suerte habrá cambiado… ¡para mejor!

> *Muchos problemas desaparecen cuando
> vivimos en el presente.*

Los días felices y los días aciagos no son, al menos subjetivamente hablando, una ilusión. Las lógicas fluctuaciones de nuestro estado energético están íntimamente relacionadas con nuestra capacidad intuitiva para reconocer y responder a la buena suerte. Sin embargo, muchas veces los problemas son tantos y tan complicados que nos parece que no podemos hacer nada para solucionarlos. No es así, el secreto para solucionar los problemas es precisamente éste: solucionarlos, solventarlos, es decir *diluirlos*.

La solución de un problema paradójicamente siempre se halla en su enunciado correcto, en su comprensión y, por tanto, *nunca está en el mismo nivel que el problema*, sino en un nivel ligeramente superior.

> *La solución de un problema nunca está*
> *en el mismo nivel que el problema.*

Un problema es como un desafío, como un escalón que hemos de ascender. Este escalón, si hacemos el esfuerzo de superarlo, nos llevará a otro escalón en el que el problema anterior dejará de serlo. El resultado de ascender un escalón no será tanto haber solucionado el problema en cuestión (al fin y al cabo su misión era únicamente impulsarnos a realizar el ascenso), sino y, sobre todo, haber crecido interiormente gracias a lo que considerábamos un problema. Ken Keyes ha escrito que «si queremos cambiar una situación de forma no adictiva, hemos de recordar que lo hacemos simplemente porque es nuestro papel en el juego de la vida». Según este autor «el pasado no existe y el presente es imaginario. Sólo puedes vivir el AHORA… estando en el eterno MOMENTO DE AHORA. Si no lo consigues ahora mismo, probablemente no lo harás dentro de diez minutos, ni dentro de un día, ni… La gente que aplaza la felicidad son como los niños que intentan correr detrás del arco iris, para encontrar el puchero lleno de oro al final. Siempre se alejan y, cuanto más corren, más se les escapa». No nos quepa la menor duda de que el futuro llegará en el momento en que tenga que hacerlo. Si ya lo hemos «vivido antes en el presente» no sólo nos lo perderemos, sino que también nos perderemos el presente. Estaremos corriendo en busca del puchero y perderemos aquello que en aquel momento teníamos delante de nuestros ojos.

Si no nos esforzamos hasta el máximo,
¿cómo sabremos dónde está nuestro límite?

La suerte es como el puchero del que hablábamos, al mismo tiempo que se asemeja a las mariposas: por mucho que las persigamos, difícilmente las alcanzaremos. Por eso es necesario que aprendamos a atraerla, a domesticarla.

Se ha dicho también que la suerte es un regalo de las hadas, pero, ¿no serán las hadas partes de nosotros mismos a las que normalmente no prestamos demasiada atención? Normalmente vivimos anclados en el pasado o pendientes del futuro y prestamos muy poca atención al instante presente. Nos quejamos de falta de libertad, pero solemos ignorar que la libertad interior, la verdadera libertad no es sino la capacidad de vivir el instante presente. No hay más que un acto de libertad que podamos plantear con respecto a nuestro pasado: aceptarlo tal cual es desde la vivencia del presente. Por otra parte, tampoco estamos capacitados para planificar el futuro. Cualquier planificación, cualquier previsión, cualquier programación puede irse al traste en un abrir y cerrar de ojos. Únicamente en el presente podemos vivir destellos de libertad y establecer un contacto real y auténtico con nuestra realidad.

> *El secreto más poderoso para tener buena suerte consiste en dar.*

El Evangelio dice «dad y recibiréis». Ofrécete tú mismo, pon tu tiempo, tus habilidades, tu talento al servicio de los demás. Házlo desinteresadamente. Actuar con interés limita el alcance de la buena suerte, mientras que hacerlo sin ánimo de lucro lo amplía infinitamente.

Podemos comenzar por las personas que tenemos más cerca: familia, amigos, compañeros de trabajo y luego ir extendiendo el círculo. Las grandes oportunidades de dar son poco frecuentes, pero las pequeñas se nos presentan a cada instante. En la práctica mística de dar, la oportunidad y la calidad son más importantes que la cantidad. Es mejor dar poco a tiempo que mucho a destiempo, o compartir lo que tenemos con entusiasmo que dar grandes cantidades de dinero a regañadientes. Emerson opinaba que «nunca se ha logrado nada importante sin entusiasmo».

Dar es recibir en lo oculto.

Además de buena suerte, todo lo que haga gratuitamente le proporcionará felicidad. Cuando aprendemos a dar nos abrimos auténticamente a las demás personas y empezamos a comunicarnos con ellos. Como ya vimos, la buena suerte es en su esencia conexión, comunicación. *Un Curso de Milagros* nos enseña que: «Si puedes aceptar el concepto de que este mundo es un mundo de ideas, la creencia en la falsa conexión que el ego hace entre dar y perder desaparece». Porque dar es recibir, aunque no lo veamos.

Ver el lado positivo de las cosas

Existen dos actitudes en la vida: ver el lado positivo de las cosas o fijarse en el negativo. Estas dos actitudes se encuentran en la raíz de la buena o la mala suerte. Todos sabemos que una actitud no cambia las cosas en sí, pero sí modifica el efecto que tendrán sobre nosotros. «No vemos el mundo como es, lo vemos como somos» decía ya el Talmud varios siglos antes de Cristo anticipándose a uno de los grandes descubrimientos del siglo xx: el observador modifica el experimento.

Acostúmbrate a ver el lado bueno de las cosas. Cualquier circunstancia con la que te encuentres en esta vida tiene dos caras, y una de ellas es siempre la buena. El secreto consiste en fijarse en ella. Lo que extraemos de una situación o de un acontecimiento depende mucho más de cómo reaccionamos a él que del acontecimiento o de la situación en sí. Así, como dice el proverbio, «no hay mal que por bien no venga», pero con la condición de que nosotros reaccionemos positivamente y convirtamos en positivo lo negativo.

> *Una actitud positiva ante la vida atrae circunstancias que también serán positivas.*

Por otra parte, se ha comprobado que buscar el lado positivo de las cosas hace que las personas se sientan mejor, les proporciona sentimientos de felicidad y bienestar y genera una energía especial que nos permite enfrentarnos con ventaja a las situaciones difíciles.

Ya vimos que la suerte opera movida por leyes que a la mayoría de los humanos les son totalmente desconocidas. El primer paso para conectar con la buena suerte es convencernos de que una actitud positiva ante la vida atrae circunstancias que también serán positivas. Una actitud interior confiada y positiva multiplica por dos, por tres o incluso por más nuestras posibilidades de pescar al vuelo un golpe de suerte.

Actuemos positivamente

Si queremos atraer la buena suerte, no podemos sentarnos y esperar: hemos de pasar a la acción. La acción positiva es uno de los grandes secretos de la buena suerte. Nos proporcionará optimismo y satisfacción. Nos sentiremos mejor y más felices. Irradiaremos positivamente y atraeremos circunstancias y cosas positivas.

Las personas negativas o pesimistas tienen la mala costumbre de anticiparse a los acontecimientos y prever siempre lo peor. Vivir de este modo sitúa a la persona en un estado de estrés continuo que convierte su vida en algo insoportable. Alguien ha dicho que el pesimista no necesita ser ciego para verlo todo negro. Nos podemos preguntar qué demonios consiguen los pesimistas con su actitud, además de pasarlo mal y tener mala suerte. Hay en ellos un componente masoquista que se regodea, y cada vez que algo va mal se dicen a sí mismos: «ya lo sabía». Pero en realidad no deberían decir «ya lo sabía» sino «yo lo he provocado».

Escribe tus objetivos

Ya vimos que el caso típico es aquellos que se quejan de su mala suerte y de que la vida no les ha brindado oportunidades. Se trata de personas que no se levantan del sofá y se pasan el tiempo bebiendo cerveza o fumando delante del televisor lamentándose de lo injusto que es el mundo. Pues sí, tienen razón, el mundo es injusto. El mundo es tremendamente injusto, pero ellos no están haciendo nada ni por mejorarlo ni por mejorar su situación.

> *La suerte no tiene por costumbre acercarse a los sofás.*

La suerte no tiene por costumbre acercarse a los sofás. Tenemos que ir a su encuentro, y una excelente manera consiste en poner sobre el papel nuestros anhelos, nuestros objetivos, nuestros sueños.

El poder de la ensoñación puede ayudarte a proporcionar fuerza psíquica a tus deseos. Piensa «cómo sería si…», e imagínate que ya has alcanzado lo que deseas. ¿Qué harías?

Cuando anotamos nuestros deseos, lo que no son más que meros sueños se convierten en proyectos. *Proyecto* es una palabra griega que quiere decir «enviar hacia delante». Un proyecto es como un proyectil que lanzamos hacia un blanco concreto: aquello que deseamos.

Un buen ejercicio consiste en releer cada día, aunque sólo sea durante unos minutos, aquello que hemos escrito. De este modo le otorgamos aún más fuerza. Algunos autores opinan que es mejor mantener en secreto nuestros deseos y nuestros proyectos. Tienen razón, pero no toda la razón. Si compartes tus sueños con aquellos que te quieren y desean lo mejor para ti, les estarás dando fuerza, pero si lo haces con gente que no quiere eso, puedes despertar la envidia y los celos, aunque éstos sean inconscientes.

El miedo al fracaso

El miedo al fracaso es una de las causas más comunes de la mala suerte. Las personas que tienen miedo a fracasar desarrollan una actitud negativa hacia cualquier proyecto o aventura porque temen no dar la talla, equivocarse o que los demás consideren que son un desastre. El caso típico es aquel que se queja de su mala suerte y de que la vida no le ha brindado oportunidades, pero no se levanta del sofá y se pasa el tiempo bebiendo cerveza o fumando delante del televisor.

Aquellos que nunca se equivocan no prosperan ni progresan. El error es la clave del cambio, y tenemos que pasar a amar los errores, a fijarnos en ellos y, sobre todo, a aprender de ellos. La Biblia nos enseña que el hombre sabio cae siete veces al día, ¡pero se levanta y aprende de cada una de estas caídas!

El error es la clave del cambio.

En ocasiones, la estación del fracaso es la última antes de alcanzar el éxito. Así, más que de nuestra mala suerte, hemos de quejarnos de nuestra falta de perseverancia. Un pequeño esfuerzo más y lo que iba a convertirse en un fracaso resulta ser un éxito. Muchas veces olvidamos que cada derrota no es más que un capítulo más en la historia de nuestras vidas, así como una lección que nos ayuda a crecer. No hemos de dejarnos desanimar por los fracasos, sino aprender de ellos.

El poder de la alegría

Compórtate con alegría. Propágala, contágiala. El buen humor es atractivo. El mal humor también, aunque atrae cosas distintas.

Cuando estamos de buen humor es como si le sonriéramos a la vida, y a la vida le encanta devolver sonrisas.

Un estudio realizado por el investigador americano Adam Anderson para la Academia de Ciencias de Estados Unidos (PNAS) ha demostrado que el buen humor favorece la creatividad. La creatividad y la suerte están mucho más unidas de lo que parece, y muchas de las cosas que la gente atribuye a la buena suerte como, por ejemplo, soluciones en las que nadie había pensado, son en realidad expresiones de la creatividad.

> *La alegría es como el Sol: es gratis y hace que crezca todo.*

Es cierto que hay momentos en la vida en los que es difícil estar alegre. Todos tenemos buenos y malos momentos, momentos de suerte y momentos desafortunados. Es normal. Hay días en que parece que nos hemos levantado con el pie izquierdo y vemos el mundo como si lleváramos unas gafas oscuras. Lo mismo ocurre en el cielo: hay momentos en los que las nubes no nos dejan ver el Sol, pero todos sabemos que no duran eternamente, que las nubes pasarán y el Sol volverá a lucir. La alegría es como el Sol; es nuestro estado natural que, a veces, ciertas «nubes» no nos dejan percibir. Pero muchas de esas «nubes» las hemos creado nosotros mismos. Otras nos las regalan. Podemos llamarlas «problemas», «fastidios», «contrariedades», pero siempre son oportunidades encubiertas. Se trata de averiguar qué encubren, qué lección nos quieren enseñar. Lo importante es saber que esos momentos no son eternos y que tienen algo que decirnos. A partir de ahí… al mal tiempo buena cara.

¿Buena o mala suerte?

La gente habla de buena y de mala suerte de una manera tan superficial que no puede atraer nada bueno. Muchas veces el signo positivo o negativo de lo que nos ocurre no depende más que de nosotros, de cómo nos colocamos ante lo que nos sucede, de cómo lo vivimos. Y cómo lo vivimos depende directamente de nuestra actitud mental, que puede ser positiva o negativa. Ya Fenelon escribía que «la desgracia depende menos de las cosas que se padecen que de la imaginación con que se aumenta nuestra desventura».

Muchas de las supersticiones que se refieren a la mala suerte derivan del sano sentido común. Así, por ejemplo, el hecho de no encender una tercera cerilla cuando las dos primeras se han apagado procede de la Segunda Guerra Mundial, cuando los soldados intentaban encender un cigarrillo en las trincheras. Un tercer destello de luz ayudaría al enemigo a determinar su posición, lo cual podría tener consecuencias terribles.

Un ejemplo clásico compara a la suerte con el viento, un símbolo tradicional del espíritu, que según los Evangelios «sopla donde quiere». En una regata náutica todos los participantes van a encontrarse con el mismo Sol y con el mismo viento, pero seguramente el Sol brillará de una manera para unos y no para otros, y el viento favorecerá a unos, los ganadores, y no a los otros, los perdedores.

Las cosas son como somos capaces de verlas.

A pesar de ser exactamente el mismo viento y el mismo Sol, «tendrán suerte» aquellos que sepan disponer mejor sus velas y aprovechar la fuerza del viento a su favor.

Por otra parte, todo depende del modo en que lo interpretemos. Las cosas son como las vemos o, mejor dicho, son aquello que somos capaces de ver en ellas. Un cuento de origen chino, pero que encontramos con algunas variaciones en prácticamente todas las culturas, nos lo va a ilustrar.

Un joven encontró un día en el bosque un maravilloso caballo salvaje, de una belleza nunca vista. Logró apresarlo y lo llevó a casa de su familia. Aquella misma noche todo el pueblo se presentó para felicitarlo por su suerte. Estaba allí su abuelo, un anciano con fama de sabio. Cuando le comentaron qué suerte había tenido su nieto, se limitó a encoger los hombros y decir: «quizás, quizás».

Al cabo de unos días, cuando el joven estaba domando al caballo, sufrió una caída y se rompió una pierna. De nuevo todo el pueblo se presentó en casa para llorar con él su mala suerte. La respuesta del abuelo cuando le decían «qué mala suerte ha tenido tu nieto» fue la misma de siempre: «quizás, quizás».

A la semana siguiente vinieron los soldados del rey a reclutar a los jóvenes del pueblo para llevarlos a la guerra. Al muchacho lo dejaron en casa, pues tenía la pierna rota. Y, de nuevo, todo el pueblo se presentó en casa para felicitarlo por la suerte que había tenido. ¿Cuál fue la respuesta del abuelo? «Quizás, quizás».

Buena o mala suerte dependen de cómo lo interpretamos y de dónde nos situamos. Hay cosas que parecen un golpe de suerte a primera vista, pero que a la larga resultan una verdadera desgracia. No conseguir lo que queremos es, en muchas ocasiones, un golpe de suerte, pues nos prepara para algo claramente mejor.

Ciertas situaciones parecen «desgracias» y no dudamos en calificarlas como desafortunadas, pero, en realidad, son de algún modo las «semillas» de un futuro golpe de suerte.

Todo es según el color del cristal...

Nuestra mente está continuamente catalogando todo lo que nos ocurre, pero lo hace de acuerdo con unos parámetros que no son siempre los correctos. De algún modo va adoptando lo que nos brinda el destino y, caprichosamente, como si deshojara una margarita, dice: «sí, no, sí, no...» Acepta lo que nos proporciona placer y tranquilidad y rechaza lo que nos resulta difícil o nos produce dolor. En pocas palabras, admite lo que cree que nos gusta y nos conviene y rechaza lo que cree que no nos gusta o no nos conviene. Pero no siempre lo que nos gusta nos conviene, y no siempre lo que le conviene a una parte de nosotros mismos o en un momento dado conviene a todo nuestro ser o para siempre.

> *Las personas no se alteran por los hechos,*
> *sino por lo que piensan acerca de ellos.*

Además, esta elección constante de retazos de la vida nos impide abrirnos completamente a ella. Al actuar de este modo, no podemos encontrarnos cara a cara con la vida, y cuando no nos encontramos cara a cara con ella nos vamos cerrando, poco a poco, a la vida y a la suerte.

Es como si pasáramos el tiempo etiquetando botellas de vino, poniendo en unas «bueno» y en otras «malo», pero no abriéramos ninguna de ellas y no saboreáramos su contenido.

No podemos escoger lo que nos ocurre, pero sí pensar sobre ello de un modo distinto al que solemos hacerlo. El sistema más adecuado para cambiar nuestro destino y, por tanto, nuestra suerte, consiste en algo tan sencillo como cambiar nuestra manera de pensar acerca de las cosas. Como decía Epícteto, «Las personas no se alteran por los hechos, sino por lo que piensan acerca de ellos».

Los gafes y la mala suerte

Todos sabemos que hay personas que están «gafadas», son «gafes». El diccionario nos informa que la «gafedad», un término médico, es una contracción de los nervios que impide el movimiento de las manos o de los pies. ¿Qué tiene que ver esto con la buena suerte? El estado de «gafedad», de ser «gafe,» nos impide caminar con libertad por la vida y recibir lo que merecemos. El «movimiento de las manos» se refiere a la capacidad de dar y de recibir, y el de los pies a la facultad de avanzar espiritualmente. Este estado es, curiosamente, muy contagioso. Por extraño que pueda parecer, cuestiones como el humor, los estados de ánimo o la buena y la mala suerte son contagiosas. Las compañías afectan a nuestros estados de ánimo y la cercanía de las personas que tienen mala suerte, los llamados «gafes», pueden afectar a nuestra propia suerte. Es algo muy sutil y delicado, pues no sería adecuado o aceptable huir de las personas que tienen mala suerte, pero, en la mayoría de los casos, su mala fortuna constituye una proyección de los defectos de su carácter, y esos defectos a menudo son contagiosos, sobre todo si están en potencia dentro de nosotros.

Nacer con estrella

Se ha dicho que «un carácter es un destino», y es que lo que comúnmente denominamos «destino» no es más que una proyección de nuestro propio carácter en el mundo exterior. No hace falta que nos extendamos dando ejemplos: la persona desordenada tiene una mayor propensión a perder las cosas o a no encontrarlas y dirá «¡qué mala suerte, he perdido el número de teléfono que ahora tanto necesito!» y la persona perezosa o impuntual llegará tarde a aquella cita de trabajo que podría haber cambiado su vida y se quejará amargamente: «¡qué mala suerte, el metro se retrasó y yo llegué cuando la selección ya estaba hecha!».

De algún modo tenemos en nuestro interior una imagen inconsciente de lo que atraemos, que acabará aflorando a la conciencia para proyectarse sobre los acontecimientos. Un mismo acontecimiento, neutro por naturaleza, se teñirá de «buena suerte» o de «mala suerte» dependiendo de qué hayamos proyectado sobre él.

Mucha gente asocia la suerte con la idea de origen astrológico de «nacer con estrella». Actualmente casi nadie sabe qué quiere decir eso de nacer con estrella, con lo cual esta expresión se ha convertido en un mero concepto y no en una realidad.

Nacer con estrella es tener una actitud positiva en la vida que nos permita aprovechar al máximo las oportunidades que se nos ofrezcan.

«Nacer con estrella» tiene varios sentidos. El más importante de ellos es el que podríamos denominar iniciático. Se trata de un segundo nacimiento, de un nacimiento mesiánico. El ejemplo arquetípico lo vemos en el nacimiento de Jesús precedido por una estrella. Pero no es una idea únicamente cristiana. Mucho antes del cristianismo, en la India, se hablaba del nacimiento de Agni, el dios del fuego, hijo de Twastri (el carpintero) y de Maya, precedido por una misteriosa estrella: Savanagraha. La exposición de este mito podemos hallarla en uno de los textos más antiguos de la humanidad, el *Rig Veda*.

Pero cuando se habla de «estrella» en la tradición astrológica occidental se está haciendo referencia al planeta Júpiter, que recibe denominaciones como «el gran benéfico» o «el planeta de la suerte».

Júpiter corresponde, efectivamente, a la energía de la suerte. Se trata de la energía de la apertura y de la expansión, y es la contraria a la de Saturno, que corresponde a las restricciones e incluso a la muerte.

La lección que podemos extraer es que para «tener buena estrella», hemos de conectar con la energía expansiva y benéfica de Júpiter. Esto quiere decir, en primer lugar, abrirnos a la vida de un modo generoso y confiado, pero sobre todo significa olvidarnos de los detalles sin importancia, de las pequeñeces y contemplar lo que nos ocurre de un modo global, holístico, integral.

Azar y suerte

Es muy importante tener claros dos conceptos que bastante a menudo la gente suele confundir: «azar» y «suerte». Si bien existe una estrecha relación entre ellos, es importante ver que si bien el azar no depende de nosotros, la suerte sí, al menos en gran parte. «Azar» procede de una palabra árabe (*Az-Har*) que significa «flor». Esta palabra dio origen a un juego llamado *Hasard* que consistía en unos dados en uno de cuyos lados estaba dibujada una flor, y que significaba «muerte súbita». Quizá por ello «azar» (en inglés *hazard*) signifique «peligro» o «riesgo». Sin embargo, en otros idiomas tiene otros sentidos. Así, por ejemplo, en francés *hasard* significa «oportunidad» y *par hasard* «por causalidad». En portugués «azar» es «mala suerte».

> *Cuando el azar nos roza con sus dedos,*
> *está en nuestras manos convertirlo*
> *en buena suerte.*

El azar no está sujeto a cálculo ni a predicción, y siempre carece de significado para nosotros: nos es ajeno. La suerte, sin embargo, nos atañe, está relacionada con nuestros deseos, con nuestros miedos, con nuestros sueños. De algún modo, cuando el azar nos roza, lo convertimos en suerte, buena o mala, dependiendo de cómo nos afecta. La suerte es, pues, lo que hacemos con el azar, el color del cual lo teñimos. Así pues, el azar no es el único elemento que interviene en lo que llamamos suerte; también intervenimos nosotros. El color que adquiera depende de nosotros. Veamos un ejemplo.

En medio de una transitada calle hay un papel tirado en el suelo. Han pasado por su lado cientos de transeúntes y ninguno ha reparado en que es un billete de 50 dólares. Todos ellos iban pensando en sus propios asuntos y no se han dado cuenta de qué era ese «papel». Pero al final aparece un «afortunado», una persona con quizás más curiosidad que los demás que, al pasar cerca del papel piensa «parece un billete». Se toma la molestia de detenerse y agacharse y se da cuenta de que, efectivamente, es un billete de 50 dólares. Visto desde fuera, diremos que ha tenido suerte.

De algún modo cada uno de los días que vivimos está literalmente tapizado de billetes de 50 dólares, y de 100, y de 1.000, pero no los vemos. Nos falta consciencia. Estamos como bañados por al azar, pero no lo convertimos en suerte.

A. H. Z. Carr, autor del gran clásico sobre la buena suerte, dice que «tendremos más posibilidades de encontrar esa importante buena suerte en nuestras vidas si conscientemente nos entregamos a fomentar una conexión fructífera entre los azares externos y nuestras respuestas internas.»

De alguna manera, para tener el máximo de suerte en cualquier momento, conviene que estemos preparados, y lo que dificulta que respondamos positivamente a las flechas del azar es a menudo nuestra inseguridad psicológica.

Gran parte de nuestra inseguridad psicológica procede de la desconexión que existe entre nuestra conciencia y nuestras emociones más profundas. Cuando nos hemos convertido incapaces (por la educación, la represión o por nuestros temores) de sentir nuestras emociones, éstas se darán a conocer mediante métodos imprevisibles. Lo más común es que lo hagan por medio de somatizaciones. Está demostrado que un 80 por ciento de las enfermedades no víricas son psicosomáticas. Sin embargo, también pueden hacerlo en forma de acontecimientos que inconscientemente estamos provocando, pero que nos causan tanta sorpresa que los interpretamos como bromas del destino o como mala suerte. Un trabajo de observación y familiarización con las emociones te ayudará a proyectar menos tu parte de sombra y, por tanto, a padecer menos sus embates en forma de mala suerte.

Atender a la voz interior

Dentro de cada uno de nosotros se halla una forma de inteligencia que nos conecta con la inteligencia cósmica y que algunos llaman voz interior o voz del alma. Esta forma de inteligencia nos está hablando, aconsejando, avisando y orientando continuamente, sobre todo en los momentos difíciles, pero no la escuchamos. Es como un verdadero maestro interior cuyas lecciones deberíamos aceptar y poner en práctica.

Para escuchar la voz interior, en primer lugar hemos de reconocer que existe, que tenemos en lo más profundo de nuestro ser una voz interior que nos guía, y que podemos confiar en ese guía.

Demasiado a menudo no nos escuchamos a nosotros mismos y, por consiguiente, no confiamos ni cuidamos ese verdadero maestro que es nuestra voz interior.

A continuación veremos los cinco pasos necesarios para escuchar la voz interior:

1. Estabilizar el flujo de los pensamientos. No se trata de *dejar de pensar*, pues esto es algo casi imposible, pero sí de *dejarse pensar*, de no hacer ningún esfuerzo. Imaginemos que nuestra mente es como unos grandes almacenes y que los pensamientos son como personas que intentan salir. No se trata de que se atropellen, sino de que cada uno respete su turno. Se trata simplemente de cultivar la atención y de ver nuestros pensamientos sin juzgarlos. Cuando logramos hacer una rutina de este tipo de meditación, los resultados positivos no tardan en manifestarse en el exterior: durante todo el día es vivido de otro modo, como en otra longitud de onda y, lo que es sumamente importante, estamos más abiertos a las corrientes de la buena suerte.

2. A nuestra voz interior le gusta que hablemos con ella, que le preguntemos, que la reconozcamos y aceptemos.

Pero no se trata sólo de preguntar; también hay que permitirse escuchar, sin prisas, con tranquilidad. Sus mensajes no tienen por qué llegarnos forzosamente en forma de palabras; también pueden hacerlo en forma de imágenes, de símbolos, e incluso de enfermedades. Si no nos comportamos con nuestro cuerpo como deberíamos, la voz interior nos puede avisar haciendo que algo nos duela o que no nos sintamos bien.

3. En tercer lugar, hemos de confiar en las señales que nos envía nuestra voz interior. Es la base de la autoconfianza.

Vivir el presente: el extraordinario poder del ahora

No somos lo que pensamos, como sostienen muchos libros de autoayuda, sino que somos ante todo *como* pensamos. Lo que nos condiciona es la calidad de nuestro pensamiento. Los pensamientos sutiles nos convierten en personas sutiles y los pensamientos groseros nos convierten en personas groseras. Los pensamientos anclados en el pasado nos lastran como haría un ancla, y los pensamientos enfocados al futuro nos roban energía. Cuando nuestra mente se encuentra ocupada en pensar qué pudo haber ocurrido o qué ocurrirá, cuando está enfocada en el pasado o en el futuro, no está viviendo el presente. Y cuando no vivimos el presente estamos desperdiciando cantidades ingentes de energía, lo que produce ansiedad, depresión, tristeza y desazón.

La mente puede identificarse con el presente o hacerlo con el pasado o el futuro. Si se identifica con el presente, se asemeja a un barco que sigue sin esfuerzo la corriente, pero, si lo hace con el pasado o el futuro, es como si intentara ir a contra la corriente, con todo el desgaste energético que ello supone.

Cuanto menos vivimos el presente, más nos identificamos con cosas que no somos nosotros mismos: nuestros pensamientos, opiniones, apreciaciones, caprichos, interpretaciones, etc. Por otra parte, cuanto más desconectados estamos de nuestras emociones, más energía perdemos, que se irá acumulando y saltará el día menos pensado. Según los estudios más recientes el 80 por cien de las enfermedades no víricas son de origen psicosomático. Cuando negamos, rechazamos o ignoramos una emoción, ésta va acumulando la energía que perdemos a causa de ese rechazo o esa negación y acabará aflorando en forma de somatización. Muchas veces nuestras emociones reprimidas se manifiestan en forma de acontecimientos imprevistos o de mala suerte. Lo que conocemos como «una mala racha» es muchas veces el resultado de ello. Nuestro inconsciente, cansado de un comportamiento con el que no está de acuerdo, se dedica a «boicotear» las cosas.

La parábola del mendigo

Una historia ilustra muy bien la actitud de los hombres con la suerte. Es la historia de un mendigo que vive en la miseria más absoluta y que desde hace Dios sabe cuántos años pide caridad en la misma esquina de la misma ciudad, cerca de unos grandes almacenes, vestido con el mismo traje y utilizando las mismas palabras. Cada vez que alguien le da una moneda o un billete, lo agradece con las mismas palabras y los introduce en el mismo bolsillo.

Por la noche toma el mismo metro para dirigirse a la casa de acogida en la que pernocta desde hace muchos años y se queja de su poca fortuna a los otros mendigos que comparten con él una sopa caliente. De vez en cuando se acuerda de que tiene monedas en el bolsillo y se permite una botella de vino.

Un día, el mendigo se muere de viejo, de frío o de una enfermedad desconocida. Cuando le van a enterrar descubren que su bolsillo está lleno de billetes y que algunos de ellos llevan años allí pues, pues ya no se utilizan.

De alguna manera, ese mendigo somos cualquiera de nosotros. Todos nosotros tenemos una riqueza en nuestro interior que no aprovechamos, una fortuna que ignoramos y que dilapidamos en nuestra ignorancia. Pero casi nunca miramos en nuestro interior.

Mientras no nos demos cuenta de ello, *nos estaremos comportando como el mendigo del cuento*. Incluso si disponemos de una cuenta corriente abultada y tenemos muchísimas propiedades, si desconocemos nuestra riqueza interior somos como mendigos. Mendigamos migajas y dejamos pasar panes.

El error de Descartes

No hay peor mentira que una verdad a medias, pero a veces las medias verdades se convierten en auténticos axiomas.

Esto es lo que ocurrió con la famosa frase de Descartes que sostiene que «pienso, luego existo». Con todo, el sentido original de la frase era mucho peor, pues lo que el filósofo francés escribió en realidad es «pienso, luego soy».

Pensar tiene bastante poco que ver con existir, pero no está relacionado con ser. El pensamiento y el ser pertenecen a niveles muy distintos. El pensamiento es una función del cerebro izquierdo que nos hace captar la realidad de una forma lineal. Es como si en medio de la noche pretendiéramos ver ayudándonos con una pequeñísima linterna. Enfocaríamos fragmentos de la realidad y difícilmente llegaríamos a conectarlos entre sí como para hacernos una idea completa de dónde estamos. Con el pensamiento ocurre lo mismo: sólo nos permite apreciar fragmentos de las cosas, y todos sabemos cuán deformado puede resultar un objeto si únicamente contemplamos un fragmento de él. Es la célebre parábola del elefante.

> *El pensamiento sólo nos permite apreciar fragmentos de las cosas.*

La parábola del elefante la explica el vedantino Shankara, la vuelven a narrar los sabios sufíes y reaparece incluso en Leon Tolstoi. No es, pues, una historia muy original, pero es una bonita narración que ilustra muy bien la situación humana. Por esta razón, más que la historia en sí y sus múltiples variantes, lo que realmente nos interesa es la situación. Veamos, gracias al elefante, de cuál se trata. Imaginemos a un grupo de ciegos rodeando a un elefante. La escena puede parecer cómica, pero en realidad es tragicómica, ya que estos ciegos han opinado y filosofado sobre la naturaleza del elefante a partir de su percepción de él. Para uno, que ha rodeado con sus brazos una de las patas, el elefante es «como una columna»; para otro, que se ha limitado a agarrarlo por la cola, es «como un pincel». Aquel que lo ha tomado por la oreja disiente de sus compañeros: es «como una cortina o una sábana» y, finalmente, para aquel que se ha agarrado a la trompa el elefante, *todo el elefante* es como una manguera.

Pero todos sabemos que el elefante es algo más: somos capaces de ver sus patas, estirar su cola y sus orejas, acariciar su enorme vientre y jugar con su simpática trompa. Sin embargo, quizá nos hallemos como los ciegos del cuento y no veamos muchos otros aspectos del elefante... Estamos pensando y cuando pensamos no «somos» como diría Descartes, estamos dejando de ser y sólo «somos» un poquito.

Capítulo 4

Convertir la mala suerte en buena suerte

Es posible que si has comprado este libro es porque consideras que no has tenido suerte en la vida. Probablemente te estés equivocando y la prueba es que, por azar, porque te lo han recomendado o por cualquier otra casualidad, tienes este libro entre tus manos. Aunque aún no te hayas dado cuenta, has tenido mucha suerte. Piensa en que, en muchas ocasiones, lo que percibimos como suerte no es más que una especie de resultado de las circunstancias en las que estamos viviendo. La suerte es como un síntoma: nos está hablando de otra cosa. Tal vez lo que tengas que hacer para convertir tu mala suerte en buena suerte no sea más que cambiar de escenario, modificar las circunstancias de tu vida.

> *La suerte es como un síntoma: nos está hablando de otra cosa.*

Un ejemplo típico nos lo proporcionan los astrólogos que sostienen que si pasamos nuestro cumpleaños en determinado lugar, distinto del de nuestro nacimiento, podemos modificar lo que nos va a ocurrir durante el año. La sabiduría judía de los cabalistas también sostenía que cambiar de lugar es cambiar de destino. Pero las enseñanzas de los astrólogos y los cabalistas no deben tomarse al pie de la letra, ya que aluden a algo más sutil y más profundo. Cambiar de lugar puede querer decir cambiar de manera de ver las cosas, cambiar de paradigma.

Para «cambiar de lugar», lo primero que hemos de averiguar es en qué lugar estamos, dónde nos encontramos. Si vivimos una vida totalmente rutinaria, programada, previsible, la buena suerte no tendrá ningún resquicio por donde «colarse». Si cada día hacemos lo que hicimos el día anterior, no es fácil que nos ocurra algo distinto de lo que nos sucedió el día anterior. Si nuestros pensamientos, nuestros sueños, nuestro discurso es repetitivo, difícilmente daremos cabida a lo nuevo.

Cambiar de lugar puede querer decir cambiar de manera de ver las cosas, cambiar de paradigma. Si vivimos la vida desde la repetición, nos encontraremos siempre que en nuestra película se repiten las mismas escenas con disfraces distintos: parecidas relaciones de pareja, problemas calcados los unos de los otros, etc.

Aquellas personas que creen que han tenido mala suerte en la vida han de erradicar de sus mentes una idea particularmente dañina: haber sido víctima de la mala suerte en el pasado no presupone que vaya a serlo en el futuro.

*Cambiar de lugar puede querer decir
cambiar de manera de ver las cosas,
cambiar de paradigma.*

Sin embargo, no está de más que intenten analizar cuáles fueron las causas de que las cosas no les salieran bien anteriormente e intenten actuar de otro modo, corrigiendo aquello que pudiera haber provocado la mala suerte o lo que ellos interpretan como tal. Con un poco de cooperación por su parte, la dirección de su suerte puede cambiar radicalmente.

Siembra y cosecharás

En un libro publicado hace quince años *La mística del dinero* (*véase* pág. 31), abordábamos la estrecha relación existente entre lo que sembramos y lo que cosechamos. Es ésta una de las leyes universales más impresionantes, que actúa tanto a nivel físico como a nivel sutil. En él explicábamos que, por su contacto cotidiano con la tierra, los campesinos suelen ser los seres más realistas del planeta y están dotados de un envidiable sentido común, uno de los pilares de la buena suerte.

Cualquier campesino que desea cosechar cualquier cosa sabe muy bien lo que tiene que hacer: labrar bien su terreno, dejar que se airee y enriquezca con oxígeno e hidrógeno, plantar la semilla adecuada a lo que desea obtener, regar y, sobre todo, saber esperar.

Son cinco pasos que, a nivel natural, se revelan como extraordinariamente efectivos. Sin embargo, si el campesino descuida alguno de ellos, todo peligra y es posible que no pueda cosechar. Querer es poder, ya lo dijimos, pero hay que saber querer; y saber querer es respetar estos cinco pasos. Con la mente humana ocurre exactamente lo mismo, pues es igual que un campo. Y un campo puede dar mucho de sí o, al contrario, convertirse poco a poco en un desierto.

Del mismo modo que el labrador labra cotidianamente su tierra para enriquecerla con el contacto vivificador del aire, así debemos educar y cultivar nuestra mente abriéndola a ideas y opiniones nuevas, intentando comprender qué es lo que mueve a otras personas a pensar, sentir o actuar de manera diferente a nosotros. A primera vista puede parecer absurdo; pronto veremos que se trata de una práctica que nos «oxigena».

Nuestra cerrazón mental es la causante del 90 por cien de nuestras desgracias y de toda nuestra falta de alegría. La apertura mental es el primer paso en cualquier camino de autosuperación, de conocimiento.

La mala suerte procede de nuestra cerrazón mental.

Abrirse no es ninguna simpleza: se trata de un ejercicio previo, casi imprescindible, para conseguir lo que queremos y para que el universo pueda regalárnoslo. Por otra parte, a medida que lo practiquemos veremos cómo los demás nos aman y nos ayudan más. Poco a poco iremos percibiendo cómo, al sentirnos más aceptados y amados, nuestra felicidad y nuestra buena suerte se incrementan. Abrirse es una experiencia maravillosa que no sólo nos abre a los demás, a sus alegrías y a sus penas, a sus proyectos e inquietudes, sino que, a la corta o a la larga, acabará por abrirnos a una fuerza que está en nosotros y fuera de nosotros y que podríamos llamar «la fuerza creadora del universo», o la naturaleza. Entonces ocurre algo parecido como con el oxígeno que penetra en los surcos de la tierra para calentar la semilla y, con su calor, ayudarla a elevarse hacia lo alto, a germinar. Una vez esta fuerza ha comenzado a penetrar en nosotros, sentimos cómo nuestro corazón se ensancha y nuestras pequeñeces egoístas se esfuman como por arte de magia. Cuando vivimos este estado durante las 24 horas del día, podemos decir, sin temor a equivocarnos, que el campo está preparado.

La buena suerte no es eterna

Nada en este mundo es eterno. Sólo nuestro yo más profundo conecta con la eternidad. La imagen del jugador «en racha» que cree que su suerte durará siempre, o al menos durante toda la noche, aparece en unas cuantas películas. Nada más lejos de la realidad. La suerte es caprichosa y, como el espíritu, «sopla donde quiere». Como la belleza, la juventud e incluso la fortuna, la suerte tiene sus momentos. Como vimos a lo largo de este libro, hemos de tomarlas al vuelo.

Todos conocemos casos de gente a la que le tocó la lotería y al cabo de no demasiado tiempo estaban arruinados o se habían peleado con sus parejas. Como no nos cansaremos de repetir, «el dinero que llega fácilmente también se va fácilmente». Esta idea la veremos reflejada en multitud de proverbios de todas las procedencias. Hay, concretamente, uno castellano que dice: «dos andares tiene el dinero: viene despacio y se va ligero».

> *La suerte es caprichosa y, como el espíritu,*
> *«sopla donde quiere».*

Compartir

Hay muchas cosas en la vida que, según las más diversas supersticiones, no se pueden comprar. Te las han de regalar. Se ha dicho que la felicidad es algo maravilloso que cuando más se da, más le queda a uno; en esto coincide con el amor y con el cariño. Estas supersticiones se referían precisamente a esto: no mezclar. Algunas cosas se pueden adquirir, otras se han de merecer y atraer. Es un hecho conocido que el dinero no puede comprar la felicidad. Por una razón muy sencilla: la felicidad no se compra, como no se compra la luz del sol. Pertenece al segundo grupo: se ha de merecer o atraer. Está ahí, esperando a que nos fijemos en ella. Tampoco se compran el amor, la salud o la amistad. Pertenecen a mundos distintos, a paradigmas que no tienen nada en común. Para ser feliz no hemos de acumular dinero en nuestra cuenta bancaria, ni pertenencias en nuestra declaración de patrimonio: no tiene nada que ver. No es más feliz el que más tiene, sino el que más goza de lo que posee. Y lo que mayor gozo produce es compartir lo que tenemos con aquellos a los que queremos. No estamos hablando únicamente de pertenencias materiales; también tenemos cosas menos físicas como el tiempo, el cariño o los conocimientos de las que podemos extraer mucha felicidad si somos capaces de compartirlas.

No es más feliz el que más tiene, sino el que más goza de lo que posee.

La buena suerte es también algo que podemos y debemos compartir, porque todo lo que compartimos se multiplica. Compartir es una de las leyes eternas de la buena suerte. Como la suerte, la felicidad depende mucho más de nosotros mismos de lo que estamos dispuestos a admitir.

Vivir el presente

Vivir el presente, aceptando lo que viene y sin intentar retener lo que se va es indispensable para vivir en el estado de gracia en el que fluye la buena suerte. Si nuestra mente está ocupada en pensar qué pudo haber ocurrido o qué sucederá, cuando está centrada en el pasado o en el futuro, dejamos de vivir en ese instante mágico que es el momento presente y malgastamos cantidades ingentes de energía. Para conectar con la buena suerte hemos de llegar a vivir «aquí y ahora». Es todo lo que necesitamos para ser felices. No debemos obsesionarnos, y la mejor manera de lograrlo es haciéndonos conscientes de lo divino que todos llevamos dentro.

Cuando vivimos con conciencia, nos damos cuenta de que tenemos todo lo que necesitamos y en el momento en que lo necesitamos y, además, somos conscientes de la buena suerte de que ocurra así. Si creemos que se nos está negando algo que merecemos, es que algo falla todavía en nosotros. Es entonces cuando debemos practicar la virtud de dar. No tenemos que ofrecer esperando algo a cambio; no sería «dar», sino «cambiar». En la práctica del dar consciente, ofrecemos porque sabemos que dando nos estamos conectando con universo y, cuando estamos conectados con él, automática y espontáneamente recibimos lo que merecemos en cada momento: es lo que se llama buena suerte.

Epílogo

La suerte es tu manera de ver tu suerte.

A pesar de todo lo que hemos dicho en este libro, hemos de reconocer que no podemos manejar la suerte a voluntad. Al menos no completamente. Si así fuera, este mundo sería injusto, no habría aprendizaje, no existiría esfuerzo y las almas no podrían evolucionar. La suerte está ahí, como un saco lleno de cosas, buenas y malas, de tesoros y de excrementos, y nosotros introducimos la mano en el saco y extraemos lo que creemos que la suerte nos ofrece. En realidad, únicamente extraemos lo que atraemos y no siempre lo que atraemos lleva adherida la etiqueta «buena suerte».

Antes de acabar este libro me gustaría recordar algunas cosas importantes que sin duda habrás leído. Es posible que no te hayas fijado en alguna de ellas y por eso las repito, para que intentes recordarlas:

✓ Este pequeño libro puede ser como un billete de lotería con premio si cumples una única condición: poner en práctica sus enseñanzas.

✓ Aquellas personas que consideramos afortunadas son sencillamente gente que sabe tener los ojos bien abiertos y aprovechar las oportunidades.

✓ Nuestro destino es la proyección de nuestra alma en la pantalla de la vida.

✓ Abrirnos a la suerte o a la felicidad es lo mismo.

✓ La vida está llena de casualidades y el mero hecho de constatarlas sin intentar analizarlas o comprenderlas sirve para desarrollar la intuición.

✓ Si la suerte llama a nuestra puerta y estamos aturdidos por el ruido, no la oiremos.

✓ Una actitud interior confiada y positiva multiplica por dos, por tres o incluso por más nuestras posibilidades de cazar al vuelo un golpe de suerte.

✓ Tu suerte es una prolongación de ti mismo, de tus estados de ánimo, de tu propia alma.

✓ La suerte es como un síntoma: nos está hablando de otra cosa.

✓ El miedo al fracaso es una de las causas más comunes de la mala suerte. El entusiasmo es el abono de la buena suerte, la llave de la puerta del éxito.

✓ La suerte nos sonríe cuando nosotros le sonreímos primero.

✓ Siembra y cosecharás.

A partir de ahora, cuando introduzcas la mano en el saco, sabrás que no sólo extraerás tesoros y regalos de la vida. La buena noticia, sin embargo, es que sabrás que tienes libertad para escribir tú mismo la etiqueta. ¡Ejerce esa libertad!

Índice